React Native: Guida Completa allo Sviluppo e Programmazione di Siti Internet e Web App con ReactJS. Contiene Esempi di Codice ed Esercizi Pratici.

Oscar R. Frost

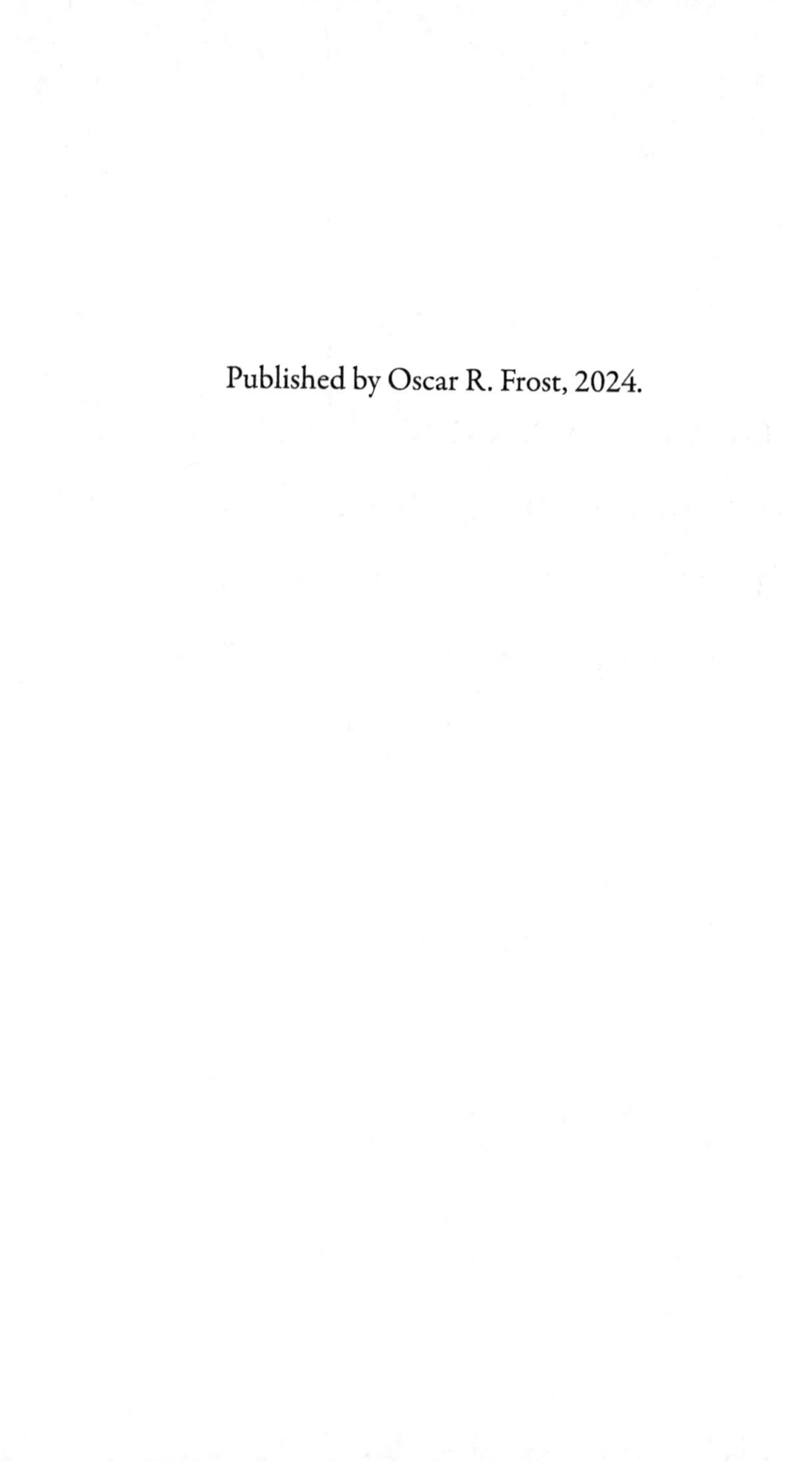

Published by Oscar R. Frost, 2024.

While every precaution has been taken in the preparation of this book, the publisher assumes no responsibility for errors or omissions, or for damages resulting from the use of the information contained herein.

REACT NATIVE: GUIDA COMPLETA ALLO SVILUPPO E PROGRAMMAZIONE DI SITI INTERNET E WEB APP CON REACTJS. CONTIENE ESEMPI DI CODICE ED ESERCIZI PRATICI.

First edition. November 29, 2024.

Copyright © 2024 Oscar R. Frost.

ISBN: 979-8230425946

Written by Oscar R. Frost.

Also by Oscar R. Frost

Raspberry Pi: Scopri Tutti i Segreti per lo Sviluppo e Programmazione del Micro Computer per Maker e Hobbisti. Contiene Esempi di Codice ed Esercizi Pratici

Arduino: Scopri Tutti i Segreti per lo Sviluppo e la Programmazione del Microcontrollore per Maker e Hobbisti. Contiene Esempi di Codice ed Esercizi Pratici.

Angular: Guida Completa allo Sviluppo e Programmazione di Siti Internet Dinamici e Web App con AngularJS. Contiene Esempi di Codice ed Esercizi Pratici

C++: Guida Completa al Linguaggio e alla Programmazione ad Oggetti. Contiene Esempi di Codice ed Esercizi Pratici

CSS: Guida Completa allo Sviluppo di Fogli di Stile per Web Design e la Creazione di Siti Internet. Contiene Esempi di Codice ed Esercizi Pratici

PHP: Guida Completa allo Sviluppo e Programmazione di Siti Web Dinamici. Contiene Esempi di Codice ed Esercizi Pratici.

MySQL: Guida Completa ai Database SQL per Principianti. Contiene Esempi di Codice ed Esercizi Pratici.

JavaScript: Guida alla Programmazione Web e Web-App. Contiene Esempi di Codice ed Esercizi Pratici.

React Native: Guida Completa allo Sviluppo e Programmazione di Siti Internet e Web App con ReactJS. Contiene Esempi di Codice ed Esercizi Pratici.

Sommario

Premessa

Sono sempre stato affascinato dall'idea dello sviluppo di applicazioni mobile. La creazione di app mobile è stata una delle ragioni per cui volevo imparare a programmare e questo fascino mi ha portato lungo molti percorsi, da Objective-C a jQuery mobile a Cordova e ora a React Native. La mia carriera è stata incentrata su JavaScript ma sono sempre stato anche attratto da tecnologie che aumentano la mia efficienza utilizzando le competenze preesistenti, che mi hanno permesso di fare più del semplice sviluppo web.

Trovare modi per essere più efficienti è stato fondamentale per la mia carriera quando ho scelto i percorsi da seguire. Quando mi sono informato su React Native per la prima volta, sapevo che sarebbe stato qualcosa di significativo.

C'erano già migliaia di sviluppatori React e JavaScript nel mondo quindi React Native ha dato a questi sviluppatori un modo per estendere le competenze esistenti nel regno dello sviluppo di applicazioni mobile in un modo che Cordova e altre opzioni non hanno fatto. Tutto questo ha anche fatto appello agli sviluppatori React che erano il segmento in più rapida crescita di tutti sviluppatori Front-end.

Il framework ha anche fornito un sostanziale aumento della qualità delle applicazioni che potrebbero essere costruite rispetto ad altre opzioni disponibili. Dopo aver scritto la mia prima applicazione e averla inviata all'App Store, avevo imparato un bel po' e ho deciso di iniziare a rispondere a qualche domanda su Stack Overflow.

Ho capito subito che avevo una conoscenza che potevo condividere, aiutando anche la comunità e la mia carriera, quindi ho iniziato a documentarmi sempre di più, rispondendo alle domande. Ho imparato molto rispondendo ad alcune domande e alla fine ho preso la decisione di specializzarmi al 100% nel framework React Native.

Molti sviluppatori e consulenti di successo ritengono che la specializzazione li abbia aiutati nella loro carriera: sono diventati più produttivi, sono più richiesti e hanno un salario migliore. Quindi, ho deciso di provare a essere uno specialista per la prima volta nella mia carriera. Questa decisione si è rivelata ottima per me; ho iniziato a sviluppare più velocemente continuando a curare la mia formazione.

Ho visto crescere il framework React Native dalla sua infanzia fino a quello che è oggi e ho visto molti sviluppatori e aziende aumentare rapidamente la loro efficienza e produttività sfruttando ciò che il framework ha da offrire.

Penso che siamo in un momento entusiasmante per React Native: molte aziende lo hanno adottato come riferimento, sarà entusiasmante osservare come si evolverà ancora il framework e vedere le nuove app che verranno distribuite utilizzando React Native!

Per completare, ricorda che React Native è figlio di Facebook. È stato sviluppato ed utilizzato inizialmente nella loro azienda, rendendolo open source nel 2015. In questo modo Facebook ha potuto e può rilasciare applicazioni uguali per ogni piattaforma, anche per le piattaforme che ancora non esistono. In tal caso, infatti, basterà che qualcuno crei un componente detto "bridge" ed automaticamente si potrà usare React Native sulla nuova piattaforma.

Fantastico vero?

Capitolo 1
Perché React Native

Lo sviluppo di applicazioni mobile native può essere complesso. Con ambienti complessi, con i framework dettagliati ed i lunghi tempi di compilazione che gli sviluppatori devono subire, lo sviluppo di un'applicazione mobile nativa di qualità non è un compito facile. Non c'è da meravigliarsi che il mercato abbia visto entrare in scena diversi software che tentano di risolvere i problemi associati allo sviluppo di applicazioni mobili native e cercano di renderlo più semplice.

Al centro di questa complessità c'è l'ostacolo dello sviluppo multipiattaforma. Le varie piattaforme sono fondamentalmente diverse e non condividono gran parte dei loro ambienti di sviluppo, API o codice. Per questo motivo, dobbiamo avere team separati che lavorano su piattaforme diverse, questo è sia costoso che inefficiente.

Ma questo è un momento entusiasmante nello sviluppo di applicazioni mobile. Stiamo assistendo a un nuovo paradigma nel panorama dello sviluppo mobile e React Native è in prima linea in questo cambiamento nel modo in cui creiamo e progettiamo applicazioni mobile.

È ora possibile creare app multipiattaforma e applicazioni web native con un solo linguaggio e un unico team. Con l'aumento degli smartphone ed il conseguente aumento della domanda, React Native offre la possibilità di fornire applicazioni di qualità su tutte le piattaforme in meno tempo e con meno costo, pur mantenendo un'elevata qualità.

React Native è un framework per la creazione di app mobile native in JavaScript che utilizza React; il codice React Native viene compilato su componenti nativi reali. Se non sei sicuro di cosa sia React, si tratta di un framework JavaScript open source e utilizzato all'interno di Facebook. È stato originariamente utilizzato per creare interfacce utente per applicazioni web. Da allora si è evoluto e ora può essere utilizzato anche per creare applicazioni lato server e mobile (utilizzando React Native).

React Native ha molto da offrire infatti, oltre ad essere supportato da Facebook, ha anche una straordinaria comunità di persone motivate dietro di esso. Le applicazioni di Facebook, con i loro milioni di utenti, sono sostenute da React Native.

Airbnb, Bloomberg, Tesla, Instagram, Ticketmaster, SoundCloud, Uber, Walmart, Amazon e Microsoft sono alcune delle altre società che investono o utilizzano React Native nei loro prodotti.

Con React Native, gli sviluppatori possono creare viste native e accedere a componenti specifici della piattaforma nativa utilizzando JavaScript. Ciò distingue React Native da altri framework di app ibride come Cordova e Ionic, che raggruppano le viste Web costruite utilizzando HTML e CSS in un'applicazione nativa. Invece, React Native analizza codice JavaScript e lo compila in una vera applicazione nativa che può utilizzare API e componenti specifici della piattaforma.

Le alternative come Xamarin adottano lo stesso approccio ma le app create vengono compilate usando C# e non JavaScript. Molti sviluppatori web hanno esperienza con JavaScript, il che aiuta a facilitare la transizione allo sviluppo di app per dispositivi mobile dal web.

Ci sono molti vantaggi nello scegliere React Native come framework per applicazioni mobile. Poiché l'applicazione esegue il rendering dei componenti nativi e delle API direttamente, la velocità e le prestazioni sono molto migliori rispetto a framework ibridi come Cordova e Ionic.

Con React Native, stiamo scrivendo intere applicazioni utilizzando un unico linguaggio di programmazione: JavaScript. Possiamo riutilizzare molto codice, riducendo così il tempo necessario per distribuire un'applicazione multipiattaforma. Assumere e trovare sviluppatori di qualità che conoscano JavaScript è molto più semplice ed economico che assumere sviluppatori Java, Objective C o Swift, portando a un processo complessivamente meno costoso.

Per ottenere il massimo da questo e-book, dovresti avere una conoscenza, seppur basilare, di JavaScript. Gran parte del tuo lavoro verrà svolto con la riga di comando, quindi è necessaria anche una conoscenza di base su come utilizzare la riga di comando. Dovresti anche capire cos'è npm e come funziona almeno ad un livello basilare.

Se hai intenzione di creare app in iOS, è preferita una conoscenza di base di Xcode perché accelererà l'intero processo ma non è fondamentale. Allo stesso modo, se stai creando per Android, una conoscenza di base di Android Studio sarà utile ma non richiesta. Anche la conoscenza delle nuove funzionalità JavaScript implementate nella versione ES2015 del linguaggio di programmazione JavaScript sono utili ma non necessarie.

Capitolo 2
Basi di React

I componenti sono gli elementi costitutivi di un'applicazione React o React Native. Il punto di ingresso di un'applicazione è un componente che richiede ed è costituito da altri componenti. Questi componenti possono richiedere anche altri componenti e così via.

Esistono due tipi principali di componenti React Native: **stateful** e **stateless**. Ecco un esempio di un componente stateful che utilizza una classe ES6:

```
class HelloWorld extends React.Component {

constructor() {

super();

this.state = { nome: "Filippo" };

}

render() {

return <UnaComponente />;

}

}
```

Ed ecco un esempio di un componente stateless:

```
const HelloWorld = () => (
```

```jsx
<UnaComponente />
)
```

La differenza principale è che i componenti stateless non si agganciano a nessun metodo del ciclo di vita e non mantengono uno stato proprio, quindi tutti i dati da visualizzare devono essere ricevuti come proprietà (props). Esamineremo i metodi del ciclo di vita in profondità nei prossimi capitoli, ma per ora diamo una prima occhiata e vediamo come è composta una classe:

```jsx
import React from "react";

import { View, Text, StyleSheet } from "react-native";

class HelloWorld extends React.Component {

constructor() {

super();

this.state = {

nome: "Mi piace React Native!",

};

}

componentDidMount() {

console.log("Componente avviata..");

}
```

```jsx
render() {

return (

<View style={styles.container}>

<Text>{this.state.nome}</Text>

</View>

);

}

}

const styles = StyleSheet.create({

container: {

marginTop: 100,

flex: 1,

},

});
```

Nella parte superiore del file, richiediamo React da "react", così come View, Text e StyleSheet da "react-native". View è l'elemento costitutivo fondamentale per la creazione di componenti React Native e l'interfaccia utente in generale e può essere considerata come un div in HTML.

Text consente di creare elementi di testo ed è paragonabile a un tag span in HTML. StyleSheet consente di creare oggetti di stile che è possibile utilizzare in un'applicazione. Questi due pacchetti (react e react-native) sono disponibili come moduli npm.

Quando il componente viene caricato per la prima volta, si imposta un oggetto di stato con il nome della proprietà nel costruttore. Affinché i dati in un'applicazione React Native siano dinamici, devono essere impostati nello stato o trasmessi come props. Qui si imposta lo stato nel costruttore e quindi è possibile modificarlo, se lo si desidera, chiamando:

this.setState({

nome: 'Scegli tu cosa scrivere'

})

che renderizza nuovamente il componente. Impostare lo stato della variabile consente di aggiornare il valore altrove nel componente.

Viene quindi chiamato il metodo render che esamina le props e lo stato quindi restituisce un singolo elemento React Native, null o false. Se hai più elementi figli, questi devono essere racchiusi in un elemento genitore. In questo modo, i componenti, gli stili e i dati vengono combinati per creare ciò che verrà visualizzato nell'interfaccia utente.

Il metodo componentDidMount è necessario per eseguire chiamate API o richieste AJAX per reimpostare lo stato. Questo metodo fa parte del ciclo di vita di React quindi puoi inserire qualsiasi istruzione e verrà eseguita. Infine, viene eseguito il rendering dell'interfaccia utente sul dispositivo e puoi vedere il risultato.

Quando viene creata una classe React Native, vengono create istanze di metodi a cui puoi agganciarti. Questi metodi sono denominati metodi del ciclo di vita e li tratteremo in modo approfondito successivamente. I metodi visti finora sono constructor, componentDidMount e render, ma ce ne sono alcuni altri e hanno tutti i propri casi d'uso.

I metodi del ciclo di vita sono sincroni e aiutano a gestire lo stato dei componenti nonché ad eseguire il codice in ogni fase del processo, se specificato. L'unico metodo del ciclo di vita richiesto è render; tutti gli altri sono opzionali. Quando lavori con React Native, stai fondamentalmente lavorando con gli stessi metodi e specifiche del ciclo di vita che useresti con React.

Pro e contro

React è sviluppato, mantenuto e utilizzato da Facebook pertanto è supervisionato da alcuni degli ingegneri più talentuosi al mondo, lo migliorano ed aggiungono nuove funzionalità. Tutto questo ci dà modo di pensare che probabilmente non scomparirà presto come framework e verrà usato a lungo.

Con l'aumento dei costi e la diminuzione della disponibilità degli sviluppatori mobile nativi, React Native entra nel mercato con un vantaggio chiave rispetto allo sviluppo nativo: sfrutta la ricchezza degli sviluppatori web e JavaScript di talento esistenti e offre loro un'altra piattaforma su cui costruire senza dover imparare un linguaggio nuovo.

Se hai mai usato altre soluzioni multipiattaforma, probabilmente sei a conoscenza di soluzioni come PhoneGap, Cordova e Ionic. Sebbene queste siano soluzioni valide, le loro prestazioni non hanno ancora raggiunto l'esperienza offerta da un'app nativa.

Le performance sono un altro punto di forza di React Native, perché le sue prestazioni non sono molto diverse da quelle di un'app mobile nativa creata utilizzando Objective-C / Swift o Java.

Se hai mai sviluppato per il Web, sei consapevole di quanto siano importanti i tempi di ricarica nel browser. Lo sviluppo Web non ha step di compilazione: basta aggiornare lo schermo e le modifiche sono pronte. Questo è ben lontano dai lunghi tempi di compilazione dello sviluppo nativo. Uno dei motivi per cui Facebook ha deciso di sviluppare React Native è stato quello di eliminare i lunghi tempi di compilazione dell'applicazione Facebook quando si utilizzavano strumenti di compilazione iOS e Android nativi.

Lunghi tempi di compilazione si traducono in una diminuzione della produttività quindi React Native risolve questo problema dandoti i tempi di ricarica rapida del web, così come gli strumenti di debug di Chrome e Safari, rendendo l'esperienza di debug molto simile al web.

React Native dispone anche dell'*hot reloading* integrato. Cosa significa? Durante lo sviluppo di un'applicazione, immagina di dover fare click alcune volte nella tua app per arrivare alla vista che stai sviluppando. Con l'hot reloading, quando apporti una modifica al codice, non è necessario ricaricare e fare nuovamente click sull'app per tornare allo stato corrente. Ti basta salvare il file e l'applicazione ricarica solo il componente che hai modificato, dandoti immediatamente un riscontro e aggiornando lo stato corrente dell'interfaccia utente.

Non dimentichiamo che si tratta comunque di un framework open source quindi il codice è a disposizione di tutti e, di conseguenza, vi è un'ampia community che sostiene il progetto.

Ora che abbiamo esaminato i vantaggi dell'utilizzo di React Native, diamo un'occhiata ad alcuni motivi e circostanze in cui potresti non voler scegliere il framework.

Innanzitutto, React Native è ancora immaturo rispetto ad altre piattaforme come iOS nativo, Android e Cordova. La maggior parte delle funzionalità è ora incorporata, ma a volte potresti aver bisogno di funzionalità che non sono disponibili, e questo significa che devi scavare nel codice nativo per costruirlo da solo, assumere qualcuno per farlo o non implementare la funzionalità.

Un altro aspetto a cui pensare è il fatto che tu o il tuo team dovete imparare una tecnologia completamente nuova se non avete familiarità con React. La maggior parte delle persone concorda sul fatto che React sia facile da imparare; ma se sei già esperto con Angular e Ionic, ad esempio, e hai una scadenza in arrivo, potrebbe essere saggio usare ciò che già conosci invece di dedicare del tempo ad imparare e formare il tuo team su una nuova tecnologia.

Oltre a imparare React e React Native, devi anche acquisire familiarità con Xcode e gli ambienti di sviluppo Android, che possono richiedere un po' di tempo.

Infine, React Native è un'astrazione costruita sopra le API della piattaforma esistenti pertanto quando vengono rilasciate nuove versioni di iOS, Android e altre piattaforme future, potrebbe esserci un momento in cui React Native sarà indietro sulle nuove funzionalità, costringendoti a creare implementazioni personalizzate per interagire con queste nuove API o attendere che React Native implementi la funzionalità nella nuova versione.

Capitolo 3
Componenti

I componenti sono gli elementi costitutivi fondamentali di React Native e possono variare in termini di funzionalità e tipo. Esempi di componenti in casi d'uso comuni includono pulsanti, intestazioni, piè di pagina e componenti di navigazione. Possono variare nel tipo da un'intera vista, completa del proprio stato e funzionalità, a un singolo componente senza stato che riceve tutte le props dal suo genitore.

Il fulcro di React Native è il concetto di componenti ovvero raccolte di dati ed elementi dell'interfaccia utente che costituiscono le viste e, in definitiva, le applicazioni. React Native ha componenti incorporati che sono descritti come componenti nativi in questo e-book, ma puoi anche creare componenti personalizzati usando il framework.

Come accennato in precedenza, i componenti React Native vengono creati utilizzando JSX. La tabella seguente mostra alcuni esempi di base su come appare JSX in React Native rispetto a HTML. Come puoi vedere, JSX è simile a HTML o XML.

Tipo di componente	HTML	React Native JSX
Text	`<span>Hello World</span>`	`<Text>Hello World</Text>`
View	`<div> <span>Hello World2</span> </div>`	`<View> <Text>Hello World</Text> </View>`
Touchable highlight	`<button> <span>Hello World2</span> </button>`	`<TouchableHighlight> <Text>Hello World</Text> </TouchableHighlight>`

Il framework offre componenti nativi pronti all'uso, come View, Text e Image tra gli altri. È possibile creare componenti utilizzando questi componenti nativi come blocchi di costruzione. Ad esempio, puoi utilizzare il seguente markup per creare un componente Button utilizzando i componenti React Native TouchableHighlight e Text:

```
import { Text, TouchableHighlight } from 'react-native'

const Pulsante = () => (

<TouchableHighlight>

<Text>Hello World</Text>

</TouchableHighlight>
```

)

export default Pulsante

È quindi possibile importare e utilizzare il nuovo pulsante:

import React from 'react'

import { Text, View } from 'react-native'

import Pulsante from './components/Pulsante'

const Home = () => (

<View>

<Text>Uso il Pulsante!</Text>

<Pulsante />

</View>

)

I componenti sono solitamente composti utilizzando JSX ma è possibile anche usare JavaScript. In questa sezione creerai un componente in diversi modi. Creerai questo componente:

<MiaComponente />

Questo componente scrive "Hello World" sullo schermo quindi vediamo come costruire questo componente di base. Gli unici componenti out-of-the-box che utilizzerai per creare questo componente personalizzato sono View e Text discussi in precedenza. Ricorda, un componente View è simile a un <div> HTML e un componente Text è simile a uno <span> HTML.

Diamo un'occhiata ad alcuni modi per creare un componente. L'intera applicazione non deve essere coerente nelle definizioni dei componenti, ma di solito è consigliabile rimanere coerenti e seguire lo stesso modello per la definizione delle classi in tutta l'applicazione.

Uno dei modi per creare un componente React Native consiste nell'usare la sintassi ES5. Probabilmente vedrai ancora questa sintassi in uso in alcuni esempi o codice datato, ma non viene utilizzata nella documentazione più recente ed è ora deprecata. Ci concentreremo sulla sintassi della classe ES2015 per il resto dell'e-book, ma esamineremo la sintassi createClass qui nel caso in cui la incontriate:

```
const React = require("react");

const ReactNative = require("react-native");

const { View, Text } = ReactNative;

const MiaComponente = React.createClass({

render() {

return (

<View>

<Text>Hello World</Text>

</View>
```

```
);

},

});
```

Il modo principale per creare componenti React Native stateful consiste nell'uso delle classi ES2015. Questo è il modo in cui creerai componenti stateful per il resto dell'e-book ed è ora l'approccio consigliato dalla community e dai creatori di React Native:

```
import React from "react";

import { View, Text } from "react-native";

class MiaComponente extends React.Component {

render() {

return (

<View>

<Text>Hello World</Text>

</View>

);

}

}
```

Dal rilascio di React 0.14, abbiamo avuto la possibilità di creare componenti stateless. Non ci siamo ancora immersi nello stato, ma ricorda che i componenti senza stato sono fondamentalmente funzioni pure che non possono modificare i propri dati e non contengono il proprio stato. Questa sintassi è molto più pulita della sintassi class o createClass:

```
import React from "react";

import { View, Text } from "react-native";

const MiaComponente = () => (

<View>

<Text>Hello World</Text>

</View>

);
```

oppure

```
import React from "react";

import { View, Text } from "react-native";

function MiaComponente() {

return (

<View>

<Text>Hello World</Text>

</View>

);
```

}

Capitolo 4
Come funziona

Ora che abbiamo esaminato le basi, è tempo di immergerci in altri aspetti fondamentali che fanno parte di React e di React Native. Discuteremo come gestire lo stato e i dati e di come i dati vengono passati attraverso un'applicazione. Vedremo come trasferire proprietà (props) tra i componenti e come manipolare questi oggetti dall'alto verso il basso. Dopo aver analizzato tali elementi, approfondiremo i metodi integrati del ciclo di vita di React e come utilizzarli. Questi metodi consentono di eseguire determinate azioni quando un componente viene creato o distrutto. Comprenderli è fondamentale per capire come funzionano React e React Native e come trarre il massimo dal framework.

Uso dello stato

Uno dei modi in cui i dati vengono creati e gestiti in un componente React o React Native è tramite l'uso dello stato. Lo stato del componente viene dichiarato in fase di creazione del componente e la sua struttura è un semplice oggetto JavaScript.

Lo stato può essere aggiornato all'interno del componente utilizzando una funzione chiamata setState che vedremo in dettaglio a breve. L'altro modo in cui i dati possono essere gestiti è usando props. Le props vengono trasmesse come parametri quando viene creato il componente; a differenza dello stato, non possono essere aggiornate all'interno del componente.

Lo stato è una raccolta di valori che un componente gestisce. React pensa alle interfacce utente come semplici macchine a stati infatti quando lo stato di un componente cambia utilizzando l'apposita funzione setState, React restituisce il componente. Se qualche componente figlio eredita questo stato come props, viene eseguito il rendering anche di tutti i componenti figlio.

Quando si crea un'applicazione utilizzando React Native, capire come funziona lo stato è fondamentale perché lo stato determina il modo in cui i componenti stateful vengono visualizzati e come si comportano. Lo stato dei componenti è ciò che ti consente di creare componenti dinamici e interattivi e il punto principale da capire quando si differenzia tra stato e props è che lo stato è mutabile, mentre le props sono immutabili.

Lo stato viene inizializzato quando un componente viene creato nel costruttore o con un inizializzatore di proprietà infatti, una volta inizializzato, lo stato è disponibile nel componente tramite this.state. Il seguente codice mostra un esempio:

```
import React from "react";

class MiaComponente extends React.Component {

state = {

anno: 2020,

nome: "Antonio Rossi",

colori: ["verde"]

};

render() {

return (

<View>

<Text>Mi chiamo: {this.state.nome}</Text>

<Text>Siamo nell'anno: {this.state.anno}</Text>

<Text>Il mio colore preferito è il {this.state.colori[0]}</Text>

</View>

);

}

}
```

La funzione constructor viene invocata nel momento in cui viene creata un'istanza di una classe JavaScript, come mostrato nell'esempio successivo. Questo non è un metodo del ciclo di vita di React, ma un normale metodo di classe JavaScript:

```
import React {Component} from 'react';

class MiaComponente extends Component {

constructor() {

super();

this.state = {

anno: 2020,

nome: "Antonio Rossi",

colori: ["verde"]

};

}

render() {

return (

<View>

<Text>Mi chiamo: {this.state.name}</Text>

<Text>Siamo nell'anno: {this.state.year}</Text>

<Text>Il mio colore preferito è il {this.state.colors[0]}</Text>
```

```
</View>

);

}

}
```

Il costruttore e l'inizializzatore di proprietà funzionano entrambi esattamente allo stesso modo e l'approccio utilizzato è basato semplicemente sulla tua preferenza.

Lo stato può essere aggiornato chiamando this.setState(object), passando un oggetto con il nuovo stato che si desidera utilizzare.

setState unisce lo stato precedente con lo stato corrente, quindi se passi un solo elemento (coppia chiave-valore), il resto dello stato rimarrà lo stesso, mentre il nuovo elemento nello stato verrà sovrascritto.

Diamo un'occhiata a come usare setState, a tal fine introdurremo un nuovo metodo, un gestore per il tocco singolo chiamato onPress. onPress può essere richiamato su alcuni tipi di componenti React Native "selezionabili", ma qui lo collegherai a un componente Text per iniziare con un esempio di base.

Chiamerai una funzione chiamata aggiornaAnno quando il testo viene premuto, per aggiornare lo stato con setState. Questa funzione verrà definita prima della funzione di rendering, perché di solito è buona pratica definire qualsiasi metodo personalizzato prima del metodo di rendering, ma tieni presente che l'ordine della definizione delle funzioni non influisce sulla funzionalità effettiva:

```jsx
import React {Component} from 'react'

class MiaComponente extends Component {

constructor() {

super();

this.state = {

anno: 2019,

};

}

aggiornaAnno() {

this.setState({

anno: 2020,

});

}

render() {

return (

<View>

<Text onPress={() => this.aggiornaAnno()}>

Anno: {this.state.anno}

</Text>
```

```
</View>
);
}
}
```

Ogni volta che viene chiamato setState, React eseguirà nuovamente il rendering del componente e di qualsiasi componente figlio. L'invocazione di this.setState serve per modificare una variabile di stato e attivare di nuovo il metodo di rendering, perché la modifica diretta della variabile di stato non attiverà un ri-esecuzione del componente e quindi nessuna modifica sarà visibile nell'interfaccia utente.

Un errore comune per i principianti è l'aggiornamento diretto della variabile di stato. Ad esempio, quando si tenta di aggiornare lo stato: l'oggetto state viene aggiornato, ma l'interfaccia utente non viene aggiornata perché non viene chiamato setState e il componente non viene renderizzato nuovamente:

```
import React {Component} from 'react'

class MiaComponente extends Component {

constructor() {

super();

this.state = {

anno: 2019,

};
```

```
}

aggiornaAnno() {

this.state.anno = 2020;

}

render() {

return (

<View>

<Text onPress={() => this.aggiornaAnno()}>

Anno: {this.state.anno}

</Text>

</View>

);

}

}
```

Ma in React è disponibile un metodo che può forzare un aggiornamento una volta che una variabile di stato è stata modificata come nello snippet precedente. Questo metodo è chiamato forceUpdate e la chiamata a forceUpdate fa sì che il rendering venga forzato sul componente, attivando un nuovo rendering dell'interfaccia utente.

L'utilizzo di forceUpdate, di solito, non è necessario o consigliato, ma è bene sapere che esiste.

La maggior parte delle volte, questo rendering può essere gestito utilizzando altri metodi come chiamare setState o passando nuove props.

Ora che abbiamo esaminato come lavorare con lo stato utilizzando una stringa di base, diamo un'occhiata ad alcuni altri tipi di dati. Aggiungeremo un valore booleano, un array e un oggetto allo stato e lo utilizzerai nel componente. Mostrerai anche in modo condizionale un componente basandoti su un valore booleano presente nello stato:

```
class MiaComponente extends Component {

constructor() {

super();

this.state = {

anno: 2020,

bisestile: true,

argomenti: ["React", "React Native", "JavaScript"],

info: {

lunghezza: "335 pagine",

tipo: "Programmazione",

},
```

```jsx
  };
}

render() {

  let annoBisestile = <Text>Questo non è un anno bisestile!</Text>;

  if (this.state.bisestile) {

    annoBisestile = <Text>Questo è un anno bisestile!</Text>;

  }

  return (

    <View>

      <Text>{this.state.anno}</Text>

      <Text>Lunghezza: {this.state.info.lunghezza}</Text>

      <Text>Tipo: {this.state.info.tipo}</Text>

      {annoBisestile}

    </View>

  );

  }

}
```

Gestione dei dati con props

Le props (abbreviazione di proprietà) sono valori o proprietà ereditate di un componente che sono state trasmesse da un componente principale. Le props possono essere valori statici o dinamici quando vengono dichiarati, ma quando vengono ereditati sono immutabili; possono essere alterati solo cambiando i valori iniziali al livello più alto dove vengono dichiarati e trasmessi.

La tabella seguente evidenzia alcune delle differenze e somiglianze tra le proprietà e lo stato:

Props	Stato
Dati esterni	Dati interni
Immutabili	Mutabile
Ereditate dai genitori	Create nella componente
Può essere modificato da un componente principale	Può essere aggiornato solo nel componente
Non può cambiare in un componente	Può cambiare in un componente

Un buon modo per spiegare come funzionano le props è tramite un esempio: dichiariamo la proprietà libro e la passiamo al componente figlio come proprietà statica.

```
class MiaComponente extends Component {

render() {

return <MostraLibro libro="Amo React Native" />;
```

```
  }

}

class MostraLibro extends Component {

render() {

return (

<View>

<Text>{this.props.libro}</Text>

</View>

);

}

}
```

Il codice qui sopra riportato crea due componenti: <MiaComponente/> e <MostraLibro/>.

Quando crei <MostraLibro/>, passi una proprietà chiamata libro e la imposti con valore "Amo React Native". Tutto ciò che viene passato come proprietà in questo modo è disponibile sul componente figlio come this.props. Puoi anche trasmettere altri valori come faresti con le variabili, utilizzando le parentesi graffe e un valore stringa come mostrato di seguito:

```
return <MostraLibro libro={"Amo React Native"} />;
```

Adesso, rendiamo tutto ancora più interessante. Passiamo una proprietà dinamica al componente quindi nel metodo render, prima dell'istruzione return, dichiara una variabile libro e passala come proprietà:

```
class MiaComponente extends Component {

render() {

let libro = "Amo React Native";

return <MostraLibro libro={libro} />;

}

}

class MostraLibro extends Component {

render() {

return (

<View>

<Text>{this.props.libro}</Text>

</View>

);

}}
```

Ora, passiamo una proprietà dinamica al componente usando state:

```jsx
class MiaComponente extends Component {

constructor() {

super();

this.state = {

libro: "Amo React Native",

};

}

render() {

return <MostraLibro libro={this.state.libro} />;

}

}

class MostraLibro extends Component {

render() {

return (

<View>

<Text>{this.props.libro}</Text>

</View>

);

}
```

}

Successivamente, vediamo come aggiornare lo stato e, di conseguenza, il valore trasmesso come proprietà a MostraLibro. Ricorda, le props sono immutabili, quindi cambierai lo stato del componente genitore (MiaComponente), che fornirà un nuovo valore alla proprietà libro di MostraLibro e attiverà un rendering sia del componente padre che del figlio. Dividiamo questa idea in singole parti, vediamo cosa è necessario fare.

Dichiariamo la variabile state:

this.state = {

libro: 'Amo React Native'

}

Scriviamo la funzione che aggiornerà lo stato:

aggiornaLibro() {

this.setState({

libro: 'Mi piace React Native'

})

}

Passiamo la funzione e lo stato al componente figlio come props:

<MostraLibro

aggiornaLibro={ () => **this.**aggiornaLibro() }

libro={ **this.**state.libro }

/>

Associamo la funzione all'evento onPress nel componente figlio:

<Text onPress={ **this.**props.aggiornaLibro }>

Ora che conosci ciò di cui hai bisogno, puoi scrivere il tuo codice per aggiornare tali valori, come indicato. Utilizza i componenti degli esempi precedenti e aggiungi la nuova funzionalità.

Riferirsi costantemente a state e props con this.state e this.props può diventare ripetitivo, violando il principio DRY (non ripetere sé stessi) che molti di noi cercano di seguire. Per risolvere questo problema, puoi provare a utilizzare la funzionalità di destrutturazione.

La destrutturazione è stata aggiunta in JavaScript come parte delle specifiche ES2015 ed è disponibile nelle applicazioni React Native. L'idea di base è che puoi prendere proprietà da un oggetto e usarle come variabili in un'app, proviamo a riscrivere il codice precedente in modo più conciso con questa funzionalità:

class MiaComponente **extends** Component {

constructor() {

super();

this.state = {

libro: "Amo React Native",

};

```jsx
}

aggiornaLibro() {

this.setState({ libro: "Mi piace React Native" });

}

render() {

const { libro } = this.state;

return        <MostraLibro        aggiornaLibro={()        =>
this.aggiornaLibro()} libro={libro} />;

}

}

class MostraLibro extends Component {

render() {

const { libro, aggiornaLibro } = this.props;

return (

<View>

<Text onPress={aggiornaLibro}>{libro}</Text>

</View>

);

}
```

}

Non è più necessario fare riferimento a this.state o this.props nel componente quando si fa riferimento al libro; hai estratto la variabile libro dallo stato e dalle proprietà e puoi fare riferimento alla variabile stessa. Questo inizia ad avere più senso e manterrà il tuo codice più pulito man mano che il tuo stato e le proprietà diventano più grandi e più complessi.

Specifiche dei componenti React

Quando crei componenti React e React Native, puoi agganciarti a diverse specifiche e metodi del ciclo di vita per controllare cosa sta succedendo nel tuo componente. Una specifica del componente essenzialmente stabilisce come un componente dovrebbe reagire in base a ciò che accade nel ciclo di vita del componente.

Le specifiche sono le seguenti:

- metodo render;
- metodo constructor;
- oggetti statics, utilizzati per definire i metodi statici disponibili per una classe

Il metodo render è l'unico metodo obbligatorio nella creazione di un componente. Deve restituire un singolo elemento figlio, null o false. Questo elemento figlio può essere un componente che hai dichiarato (come un componente View o Text) o un altro componente che hai definito:

render() {

return (

<View>

<Text>Ciao</Text>

</View>

)

}

Puoi utilizzare il metodo render con o senza parentesi. Se non usi le parentesi, l'elemento restituito deve ovviamente trovarsi sulla stessa riga dell'istruzione return:

render() {

return <View><Text>Ciao</Text></View>

}

Puoi anche verificare la presenza di condizioni nel metodo di rendering, eseguire la logica e restituire i componenti in base ad un valore booleano:

render() {

if(valore === **true**) {

return <ComponenteA />

} **else return** <ComponenteB />

}

Lo stato può essere creato in un costruttore o utilizzando un inizializzatore di proprietà. Gli inizializzatori di proprietà sono una specifica ES7 per JavaScript, ma funzionano anche con React Native. Forniscono un modo conciso per dichiarare lo stato in una classe React:

class MiaComponente **extends** React.Component {

```
state = {

valore1: 1,

valore2: false

}

...

}
```

È anche possibile utilizzare il metodo constructor per impostare lo stato iniziale quando si utilizzano le classi. Il concetto di classi, così come la funzione constructor, non è specifico di React o React Native; è una specifica ES2015 basata sui concetti di ereditarietà e prototipazione di JavaScript per la creazione e l'inizializzazione di un oggetto creato in una classe. Possono anche essere impostate altre proprietà per una classe componente nel costruttore dichiarandole con la sintassi this.proprieta (dove proprieta è il nome della proprietà). La parola chiave this si riferisce all'istanza di classe corrente in cui ti trovi:

```
constructor(){

super()

this.state = {

numero1: 19,

valore1: true

}
```

this.benvenuto = 'Hello World'

this.tipo = 'class'

this.valido = **false**

}

Quando si utilizza un costruttore per creare una classe React, è necessario utilizzare la parola chiave super prima di poter utilizzare la parola chiave this, poiché si sta estendendo un'altra classe. Inoltre, se è necessario accedere a qualsiasi props nel costruttore, deve essere passata come argomento al costruttore e alla chiamata super().

Impostare lo stato in base alle props di solito non è una buona pratica a meno che tu non stia intenzionalmente impostando un certo tipo di dati iniziali per una funzionalità interna del componente. Lo stato viene creato solo quando il componente viene montato o creato per la prima volta. Se riesegui il rendering dello stesso componente utilizzando diversi valori di prop, qualsiasi istanza di quel componente che è già stata montata non utilizzerà i nuovi valori di prop per aggiornare lo stato.

Capitolo 5
Ciclo di vita di React

Sono diversi i metodi che vengono eseguiti in punti specifici del ciclo di vita di un componente: questi sono chiamati metodi del ciclo di vita. Capire come funzionano è importante perché consentono di eseguire azioni specifiche in diversi punti della creazione e distruzione di un componente.

Supponiamo, ad esempio, di voler effettuare delle chiamate API per restituire alcuni dati. Probabilmente vorresti assicurarti che il componente sia pronto per il rendering di questi dati, quindi dovresti effettuare la chiamata API dopo che il componente è stato montato in un metodo chiamato componentDidMount.

In questa sezione, esamineremo i metodi del ciclo di vita e spiegheremo come funzionano. La vita di un componente React ha tre fasi: creazione (montaggio), aggiornamento e cancellazione (smontaggio). Durante queste tre fasi, puoi collegarti a tre serie di metodi del ciclo di vita:

- Montaggio (creazione): quando viene creato un componente, viene attivata una serie di metodi del ciclo di vita e hai la possibilità di collegarti a uno o a tutti: constructor, getDerivedStateFromProps, render e componentDidMount. L'unico metodo che hai utilizzato finora è render, che esegue il rendering e restituisce un'interfaccia utente;
- Aggiornamento: quando un componente viene aggiornato, vengono attivati i metodi del ciclo di vita

per l'aggiornamento: getDerivedStateFromProps (se le props cambiano), shouldComponentUpdate, render, getSnapshotBeforeUpdate e componentDidUpdate. Un aggiornamento può avvenire in due modi: con setState o forceUpdate all'interno di un componente o quando vengono passate nuove props nel componente;

- Smontaggio: quando il componente viene smontato (distrutto), viene attivato un metodo del ciclo di vita finale: componentWillUnmount .

getDerivedStateFromProps è un metodo di classe statico che viene chiamato sia quando il componente viene creato sia quando riceve nuove proprietà. Questo metodo riceve le nuove proprietà e lo stato più aggiornato come argomenti e restituisce un oggetto. I dati nell'oggetto vengono aggiornati con lo stato.

Vediamo un esempio:

export default class App **extends** Component {

state = {

utenteAutenticato: **false,**

};

static getDerivedStateFromProps(nextProps, nextState) {

if (nextProps.utente.autenticato) {

return {

utenteAutenticato: **true,**

```jsx
};
}

return null;
}

render() {

return (

<View style={styles.container}>

{this.state.utenteAutenticato && <ComponenteAutenticato />}

</View>

);

}

}
```

componentDidMount viene chiamato esattamente una volta, subito dopo che il componente è stato caricato. Questo metodo è designato per recuperare dati con chiamate AJAX, eseguire funzioni setTimeout e integrarsi con altri framework JavaScript:

```jsx
class ComponentePrincipale extends Component {

constructor() {

super();
```

```jsx
this.state = { loading: true, dati: {} };
}
componentDidMount() {
setTimeout(() => {
this.setState({
loading: false,
dati: { nome: "Mario Rossi", eta: 35 },
});
}, 2000);
}
render() {
if (this.state.loading) {
return <Text>Sto caricando i dati...</Text>;
}
const { nome, eta } = this.state.dati;
return (
<View>
<Text>Nome: {nome}</Text>
<Text>Età: {eta}</Text>
```

```jsx
</View>
);
}
}
```

shouldComponentUpdate restituisce un valore booleano e ti consente di decidere quando eseguire il rendering di un componente.

Se conosci il nuovo stato o le props non richiedono il rendering del componente o di uno dei suoi figli, puoi restituire false. Se vuoi che il componente esegua nuovamente il rendering, restituisci true.

```jsx
class ComponentePrincipale extends Component {
shouldComponentUpdate(nextProps, nextState) {
if (nextProps.nome !== this.props.nome) {
return true;
}
return false;
}
render() {
return <ComponenteA />;
}
```

```
}
```

componentDidUpdate viene richiamato subito dopo che il componente è stato aggiornato e sottoposto a nuovo rendering. Otterrai lo stato precedente e le props precedenti come argomenti.

```
class ComponentePrincipale extends Component {

componentDidUpdate(prevProps, prevState) {

if (prevState.selezionato === this.state.selezionato) {

this.setState({

selezionato: !selezionato,

});

}

}

render() {

return <ComponenteA />;

}

}
```

componentWillUnmount viene chiamato prima che il componente venga rimosso dall'applicazione. Qui è possibile eseguire qualsiasi pulizia necessaria, ad esempio, rimuovere listener e rimuovere timer impostati in componentDidMount.

```jsx
class ComponentePrincipale extends Component {

gestisciClick() {

this._timeout = setTimeout(() => {

this.apriPopup();

}, 2000);

}

componentWillUnmount() {

clearTimeout(this._timeout);

}

render() {

return        <ComponenteA        gestisciClick={()        =>
this.gestisciClick()} />;

}

}
```

Capitolo 6
Gli stili

Ci vuole talento per creare applicazioni mobili, ma ci vuole stile per renderle eccezionali. Se sei un grafico, questo lo sai già ed è radicato nel profondo delle tue ossa. Se sei uno sviluppatore, probabilmente ti stai disperando. In entrambi i casi, comprendere i fondamenti dello stile dei componenti React Native è fondamentale per creare un'applicazione accattivante che altri desiderano utilizzare.

Con ogni probabilità, hai una certa esperienza con i CSS, puoi facilmente capire cosa dovrebbe fare una regola CSS come background-color: "red". Potrebbe sembrare che lo stile dei componenti in React Native sia semplice così come usare i nomi camelCase per le regole CSS, in realtà non è così.

Scoprirai che imparare a definire lo stile dei componenti è un'esperienza molto più piacevole, anche per uno sviluppatore. Ci assicureremo che tu comprenda i vari modi per applicare gli stili ai componenti e discuteremo come organizzare gli stili in un'applicazione. Ti faremo seguire le buone abitudini che renderanno il tutto più facile da gestire e faciliteranno l'uso di tecniche più avanzate in seguito.

Poiché lo stile di React Native utilizza JavaScript, parleremo di come iniziare a pensare agli stili come codice e di come sfruttare le caratteristiche di JavaScript come variabili e funzioni. Per tutto il codice di esempio in questo capitolo, puoi iniziare con l'app generata di default e sostituire il contenuto di App.js con il codice delle singole schede.

React Native è fornito con molti componenti integrati e la comunità ne ha costruiti molti altri che puoi includere nei tuoi progetti. I componenti supportano un insieme specifico di stili e tali stili possono essere o non essere applicabili ad altri tipi di componenti. Ad esempio, il componente Text supporta la proprietà fontWeight (che si riferisce allo spessore del carattere), ma il componente View non la supporta. Al contrario, il componente View supporta la proprietà flex (che si riferisce al layout dei componenti all'interno di una vista), ma il componente Text non la supporta.

Alcuni elementi stilistici sono simili tra i componenti ma non uguali. Ad esempio, il componente View supporta la proprietà shadowColor, mentre il componente Text supporta la proprietà textShadowColor. Imparare i vari stili e come manipolarli richiede tempo, ecco perché è importante iniziare con concetti fondamentali su come applicare e organizzare gli stili.

Per competere sul mercato, le applicazioni mobile devono avere un senso dello stile. Puoi sviluppare un'app completamente funzionale, ma se sembra terribile o non è coinvolgente, le persone non saranno interessate ad usarla. Non è necessario creare l'app più bella del mondo ma devi impegnarti a creare un prodotto raffinato.

Un'app raffinata e dall'aspetto nitido influenza notevolmente la percezione degli utenti sulla qualità dell'app. Puoi applicare stili agli elementi in React Native in molti modi, abbiamo visto negli esempi precedenti come usare codice inline o stile definito in uno StyleSheet.

Ma quale approccio è il migliore? Funzionalmente, non c'è differenza tra l'utilizzo di uno stile inline e il riferimento a uno stile definito in un foglio di stile. Con StyleSheet, crei un oggetto di stile e fai riferimento a ogni stile individualmente.

La separazione degli stili dal metodo di rendering rende il codice più facile da capire e promuove il riutilizzo degli stili tra i componenti. Quando si utilizza un nome di stile come avviso, è facile riconoscere l'intento del messaggio.

Al contrario, invece, lo stile inline color: "red" non offre informazioni sul motivo per cui il messaggio è rosso. La presenza di stili specificati in un unico punto anziché inline su molti componenti semplifica l'applicazione di modifiche all'intera applicazione.

Organizza gli stili

Immagina di voler cambiare i messaggi di errore in giallo. Tutto quello che devi fare è cambiare la definizione dello stile una volta nel foglio di stile, color: 'yellow'. Ricorda sempre che l'ultimo stile sovrascrive lo stile precedente se c'è una proprietà duplicata, ad esempio, se viene fornito un array di stili come questo, l'ultimo valore per il colore sovrascriverà tutti i valori precedenti:

style={[{color:'black'}, {color:'yellow'}, {color: 'red '}]}

In questo esempio, il colore selezionato sarà il rosso. È anche possibile combinare le due metodologie specificando un array di proprietà di stile utilizzando stili inline e riferimenti a fogli di stile:

style={[{color:'black'}, styles.avviso]}

React Native è molto flessibile a questo proposito, puoi specificare gli stili inline quando stai tentando di prototipare qualcosa è estremamente facile, ma a lungo andare, vorrai stare attento a come organizzi i tuoi stili; altrimenti la tua applicazione può diventare rapidamente difficile da gestire.

Organizzando i tuoi stili, semplificherai le seguenti operazioni:

- Manutenzione del codice base della tua applicazione;
- Riutilizzo degli stili tra i componenti;
- Sperimentare le modifiche allo stile durante lo sviluppo.

Come avrai capito, l'uso di stili inline non è una best practice: i fogli di stile sono un modo molto più efficace per gestire gli stili. Ma cosa significa in pratica?

Quando si disegnano i siti web, utilizziamo sempre i fogli di stile. Spesso utilizziamo strumenti come Sass, Less e PostCSS per creare fogli di stile monolitici per l'intera applicazione. Nel mondo del Web, gli stili sono essenzialmente globali, ma questo non è il modo in cui lavora React Native.

React Native si concentra sul componente infatti l'obiettivo è rendere i componenti il più riutilizzabili e autonomi possibile. Avere un componente dipendente dal foglio di stile di un'applicazione è l'antitesi della modularità.

Esempio pratico

In React Native, gli stili sono limitati al componente, non all'applicazione. Come realizzare questo incapsulamento dipende interamente dalle tue preferenze o da quelle del tuo team. Non esiste un modo giusto o sbagliato, ma nella comunità React Native troverai due approcci comuni:

- Dichiarazione di fogli di stile nello stesso file del componente;
- Dichiarazione di fogli di stile in un file separato, al di fuori del componente.

Hai già visto come viene utilizzato JavaScript per definire gli stili in React Native. Nonostante tu abbia un linguaggio di scripting completo con variabili e funzioni, i tuoi stili finora sono stati piuttosto statici, ma certamente non deve essere così! Approfittiamo del fatto che stiamo utilizzando JavaScript e iniziamo a pensare agli stili come ad un codice.

Creerai una semplice applicazione che fornisce all'utente un pulsante per cambiare il tema da chiaro a scuro. Ma prima di iniziare a scrivere codice, vediamo cosa creare: l'applicazione ha un unico pulsante sullo schermo, quel pulsante è racchiuso da un piccolo quadrato.

Quando si preme il pulsante, verranno invertiti i temi, se è selezionato il tema chiaro, l'etichetta del pulsante sarà Bianco e lo sfondo sarà bianco con la casella attorno al pulsante nera.

Quando è selezionato il tema scuro, l'etichetta del pulsante dirà Nero, lo sfondo sarà nero e la casella attorno al pulsante sarà bianca.

In tal caso creiamo un file di nome styles.js che conterrà delle variabili e due StyleSheet:

```
import { StyleSheet } from "react-native";

export const Colori = {

scuro: "black",

chiaro: "white",

};

const baseContainerStyles = {

flex: 1,

justifyContent: "center",

alignItems: "center",

};

const baseBoxStyles = {

justifyContent: "center",

alignItems: "center",

borderWidth: 2,

height: 150,
```

```
width: 150,

};

const StyleSheetChiaro = StyleSheet.create({

container: {

...baseContainerStyles,

backgroundColor: Colori.chiaro,

},

box: {

...baseBoxStyles,

borderColor: Colori.scuro,

},

});

const StyleSheetScuro = StyleSheet.create({

container: {

...baseContainerStyles,

backgroundColor: Colori.scuro,

},

box: {

...baseBoxStyles,
```

```
borderColor: Colori.chiaro,

},

});
```

```
export default function selezionaStile(usaTemaScuro) {

return usaTemaScuro ? StyleSheetScuro : StyleSheetChiaro;

}
```

Una volta configurati gli stili, puoi iniziare a creare l'app del componente nell'app.js.

Poiché hai un tema chiaro e uno scuro, abbiamo creato una funzione selezionaStile, che accetta un valore booleano. Se viene fornito true, verrà restituito il tema scuro; in caso contrario verrà restituito il tema chiaro.

```
import React, { Component } from "react";

import { Button, StyleSheet, View } from "react-native";

import selezionaStile from "./styles";

export default class App extends Component {

constructor(props) {

super(props);

this.state = {

temaScuro: false,
```

```javascript
    };

    this.cambiaTema = this.cambiaTema.bind(this);

  }

  cambiaTema() {

    this.setState({ temaScuro: !this.state.temaScuro });

  }

  render() {

    const styles = selezionaStile(this.state.temaScuro);

    const backgroundColor = StyleSheet.flatten(styles.container).backgroundColor;

    return (

      <View style={styles.container}>

        <View style={styles.box}>

          <Button title={backgroundColor === 'black' ? 'Nero' : 'Bianco'} onPress={this.cambiaTema} />

        </View>

      </View>

    );

  }
```

}

L'applicazione alterna i temi: sentiti libero di sperimentare e portarlo un po' oltre. Prova a cambiare il tema chiaro con un colore diverso. Nota quanto è facile, perché i colori sono definiti come costanti in un unico punto.

Prova a cambiare l'etichetta del pulsante nel tema scuro in modo che sia dello stesso colore dello sfondo anziché sempre bianco. Prova a creare un tema completamente nuovo o modifica il codice per supportare più temi anziché solo due: divertiti!

Capitolo 7
Layout dei componenti

Flexbox è un'implementazione del layout che React Native utilizza per fornire un modo efficiente agli utenti di creare interfacce utente e controllare il posizionamento. L'implementazione di React Native flexbox si basa sulla specifica web flexbox del W3C ma non condivide il 100% dell'API. Ha lo scopo di darti un modo semplice per ragionare, allineare e distribuire lo spazio tra gli elementi in un layout, anche quando la loro dimensione non è nota o è dinamica.

La proprietà flex specifica la capacità di un componente di alterare le proprie dimensioni per riempire lo spazio del contenitore in cui si trova. Questo valore è relativo alle proprietà flex specificate per il resto degli elementi nello stesso contenitore.

Se hai un elemento View con un'altezza di 300px e una larghezza di 300px e un elemento View figlio con la proprietà flex: 1, la vista figlia riempirà completamente la vista padre. Se decidi di aggiungere un altro elemento figlio con la proprietà flex: 1, ogni View occuperà lo stesso spazio nel contenitore genitore.

Il numero di flex è importante solo rispetto agli altri elementi che occupano lo stesso spazio. Un altro modo per vedere questo è pensare alle proprietà flex come percentuali. Ad esempio, se vuoi che i componenti figlio occupino rispettivamente il 66,6% e il 33,3%, puoi usare flex: 66 e flex: 33. Allo stesso modo puoi specificare flex: 2 e flex: 1 e ottenere lo stesso effetto di layout.

Per capire meglio come funziona, diamo un'occhiata ad alcuni esempi. Questi si ottengono facilmente impostando il valore flex appropriato sui singoli elementi:

```
render() {

return (

<View style={styles.container}>

<View style={[styles.flexContainer]}>

<Esempio style={[{ flex: 1 }, styles.grigio]}>A 50%</Esempio>

<Esempio style={[{ flex: 1 }]}>B 50%</Esempio>

</View>

<View style={[styles.flexContainer]}>

<Esempio style={[{ flex: 1 }, styles.grigio]}>C 33%</Esempio>

<Esempio style={{ flex: 2 }}>D 66%</Esempio>

</View>

<View style={[styles.flexContainer]}>

<Esempio style={[{ flex: 1 }, styles.grigio]}>E 25%</Esempio>

<Esempio style={{ flex: 3 }}>F 75%</Esempio>

</View>

</View>
```

);

}

Il risultato sarà simile al seguente:

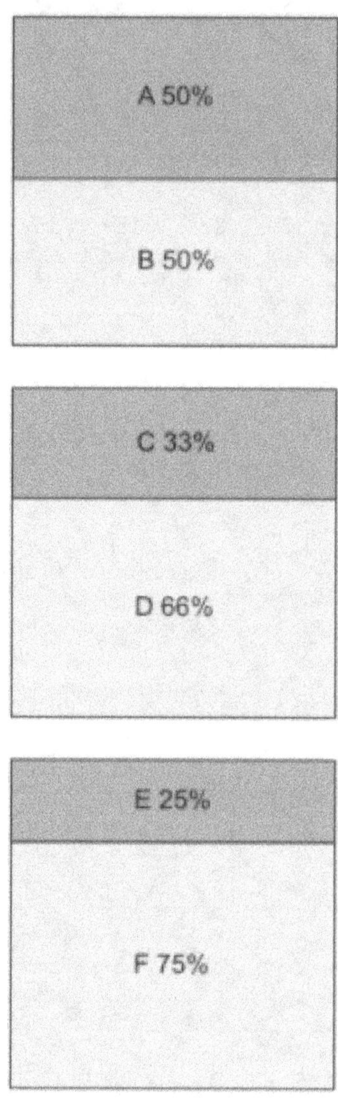

Negli esempi precedenti, gli elementi nei contenitori flex sono disposti in una colonna (asse y), ovvero dall'alto verso il basso.

A è impilato su B, C è impilato su D ed E è impilato su F. Utilizzando la proprietà flexDirection, è possibile modificare l'asse principale del layout e quindi cambiare la direzione del layout. flexDirection viene applicato alla vista padre.

Tutto ciò che è necessario per trasformare il layout in una singola riga è aggiungere allo stile flexContainer, che è il contenitore padre per ciascuno dei componenti di esempio. La modifica di flexDirection su questo contenitore influisce sul layout di tutti i suoi figli flex. Aggiungi flexDirection: 'row' allo stile e guarda come cambia il layout.

flexContainer: {

width: 150,

height: 150,

borderWidth: 1,

margin: 10,

flexDirection: 'row'

},

Gli elementi figli ora vengono visualizzati da sinistra verso destra. Ci sono due opzioni flexDirection: 'row' oppure flexDirection:'column'. L'impostazione predefinita è 'column', se non specifichi una proprietà flexDirection, il contenuto verrà disposto in una colonna.

Questa proprietà è molto usata durante lo sviluppo di app in React Native, quindi è importante comprenderla e capire come funziona.

Utilizzando la proprietà flex, puoi specificare quanto spazio occupa ogni componente nel suo contenitore genitore; ma cosa succede se non stai cercando di occupare l'intero spazio? Come puoi utilizzare flexbox per disporre i componenti utilizzando la loro dimensione originale?

justifyContent definisce come viene distribuito lo spazio intorno agli elementi flex lungo l'asse principale del contenitore. La proprietà justifyContent è dichiarata nel contenitore padre e sono disponibili cinque opzioni:

- center fa sì che i figli siano centrati all'interno del contenitore padre. Lo spazio libero viene distribuito su entrambi i lati del gruppo di figli;
- flex-start raggruppa i componenti all'inizio della colonna o della riga flex, a seconda del valore assegnato a flexDirection. flex-start è il valore predefinito per justifyContent;
- flex-end agisce in modo opposto: raggruppa gli articoli all'estremità del contenitore;
- space-around tenta di distribuire uniformemente lo spazio attorno a ciascun elemento;
- space-between non applica la spaziatura all'inizio o alla fine del contenitore. Lo spazio tra due qualsiasi elementi consecutivi è lo stesso dello spazio tra due altri elementi consecutivi.

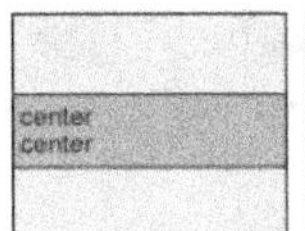

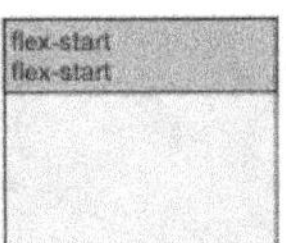

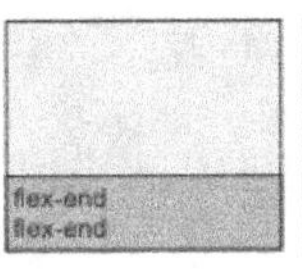

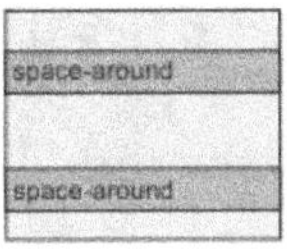

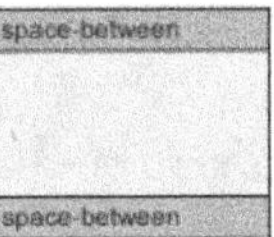

Ecco il codice di questo esempio:

```
render() {

return (

<View style={styles.container}>

<FlexContainer style={[{ justifyContent: "center" }]}>

<Esempio>center</Esempio>

<Esempio>center</Esempio>

</FlexContainer>

<FlexContainer style={[{ justifyContent: "flex-start" }]}>

<Esempio>flex-start</Esempio>

<Esempio>flex-start</Esempio>

</FlexContainer>

<FlexContainer style={[{ justifyContent: "flex-end" }]}>

<Esempio>flex-end</Esempio>

<Esempio>flex-end</Esempio>

</FlexContainer>
```

```jsx
<FlexContainer style={[{ justifyContent: "space-around" }]}>
<Esempio>space-around</Esempio>
<Esempio>space-around</Esempio>
</FlexContainer>
<FlexContainer style={[{ justifyContent: "space-between" }]}>
<Esempio>space-between</Esempio>
<Esempio>space-between</Esempio>
</FlexContainer>
</View>
);
}
```

Allineamento dei figli

L'attributo alignItems definisce come allineare i figli lungo l'asse secondario del loro contenitore. Questa proprietà è dichiarata nella vista padre e influisce sui suoi figli flessibili proprio come flexDirection. Sono disponibili quattro valori possibili per alignItems: stretch, center, flex-start e flex-end.

stretch è l'impostazione predefinita dove ogni componente viene allungato per riempire il suo contenitore principale. Se non è specificata una larghezza precisa per i componenti, essi occupano solo lo spazio necessario per il rendering dei loro contenuti anziché allungarsi per riempire lo spazio. Nel primo caso, alignItems è impostato su center. Nel secondo caso, alignItems è impostato su flex-start. E l'ultimo alignItems è impostato su flex-end.

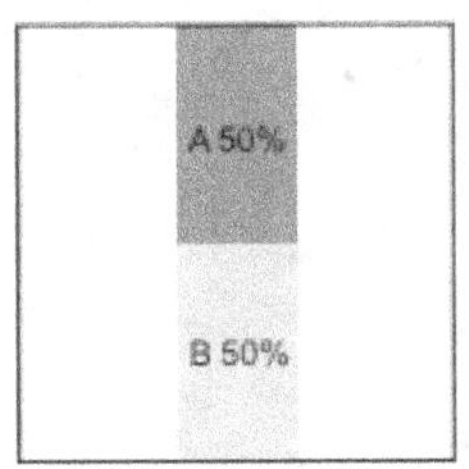

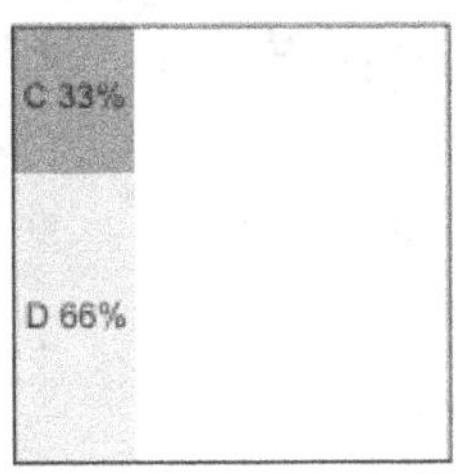

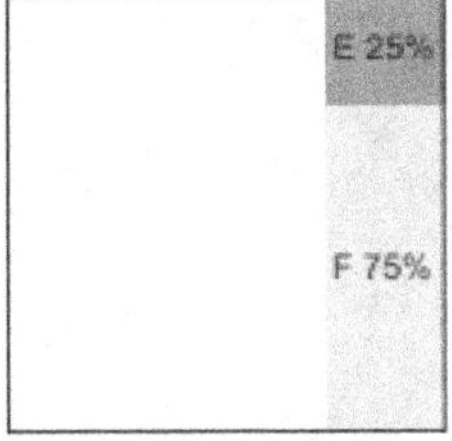

Ecco il codice:

```
render() {

return (

<View style={styles.container}>
```

```jsx
<View style={[styles.flexContainer, { alignItems: "center" }]}>
<Esempio style={[styles.darkgrey]}>A 50%</Esempio>
<Esempio>B 50%</Esempio>
</View>

<View style={[styles.flexContainer, { alignItems: "flex-start" }]}>
<Esempio style={[styles.darkgrey]}>C 33%</Esempio>
<Esempio style={{ flex: 2 }}>D 66%</Esempio>
</View>

<View style={[styles.flexContainer, { alignItems: "flex-end" }]}>
<Esempio style={[styles.darkgrey]}>E 25%</Esempio>
<Esempio style={{ flex: 3 }}>F 75%</Esempio>
</View>

</View>
);
}
```

Ora che hai visto come utilizzare le altre proprietà alignItems e i loro effetti sul layout di colonna, perché non imposti flexDirection su row e vedi cosa succede? Finora, tutte le proprietà flex sono state applicate al contenitore padre, alignSelf viene applicato direttamente a un singolo figlio flex.

Con alignSelf, puoi accedere alla proprietà alignItems per i singoli elementi all'interno del contenitore. In sostanza, alignSelf ti dà la possibilità di sovrascrivere qualsiasi allineamento che è stato impostato sul contenitore genitore, quindi un oggetto figlio può essere allineato indipendentemente dai suoi pari.

Le opzioni disponibili sono auto, stretch, center, flex-start e flex-end. Il valore predefinito è auto, che prende il valore dall'impostazione alignItems del contenitore principale.

Le proprietà rimanenti influenzano il layout allo stesso modo delle proprietà corrispondenti su alignItems. Nell'immagine seguente, il contenitore padre non ha alignItems impostato, quindi il valore predefinito è stretch. Nel primo esempio, il valore auto eredita stretch dal suo contenitore padre. I prossimi quattro esempi si presentano esattamente come ti aspetteresti. L'esempio finale non ha alcuna proprietà alignSelf impostata, quindi il valore predefinito è auto e ha lo stesso layout del primo esempio.

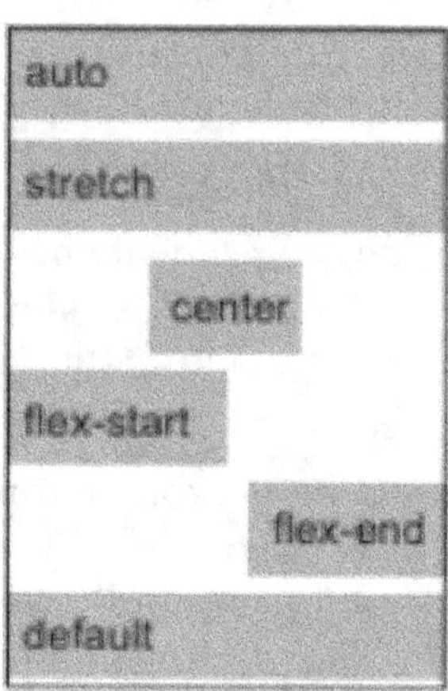

auto
stretch
center
flex-start
flex-end
default

Le dimensioni dello stile

Gli stili applicati a un componente possono apparire o comportarsi in modo diverso tra i due sistemi operativi o anche tra le diverse versioni di iOS e Android. Così come non stai scrivendo codice per un singolo dispositivo; non stai nemmeno scrivendo codice per un singolo sistema operativo. La bellezza di React Native è che stai utilizzando JavaScript per creare applicazioni che possono essere eseguite su iOS e Android.

Se guardi la documentazione di React Native, vedrai molti componenti con suffisso IOS o Android, come ProgressBarAndroid, ProgressViewIOS e ToolbarAndroid, quindi non dovrebbe sorprendere che anche gli stili possano essere specifici della piattaforma. Potresti non aver notato che non hai mai specificato una dimensione in pixel, come width:300 rispetto a width:"300px". Questo perché anche il concetto di dimensione è diverso tra i sistemi operativi iOS e Android.

Le dimensioni possono essere un argomento che crea confusione, ma è importante tenerlo a mente se è necessario essere precisi quando si posizionano i componenti sullo schermo.

Anche se non stai cercando di produrre un layout ad alta fedeltà, sarà utile comprendere i concetti nel caso in cui riscontri piccole discrepanze nei tuoi layout da un dispositivo all'altro.

Partiamo dall'inizio e definiamo un pixel. Un pixel è la più piccola unità di colore programmabile su un display. Un pixel è in genere costituito da componenti di colore rosso, verde e blu (RGB). Manipolando l'intensità di ogni valore RGB, il pixel emette il colore che vedi. Un pixel non ti dice nulla finché non inizi a guardare le proprietà fisiche del display: dimensioni dello schermo, risoluzione e punti per pollice (PPI).

La dimensione dello schermo è la misura diagonale dello schermo, da un angolo all'altro. Ad esempio, la dimensione dello schermo originale dell'iPhone era di 3,5 pollici, mentre la dimensione dello schermo dell'iPhone X è di 5,8 pollici. Sebbene l'iPhone X sia notevolmente più grande, le dimensioni non significano nulla finché non si capisce quanti pixel si adattano a quella dimensione dello schermo.

La risoluzione è il numero di pixel nel display, che è più tipicamente espresso come il numero di pixel lungo la larghezza e l'altezza del dispositivo. L'iPhone originale era 320×480, mentre l'iPhone X è 1125×2436.

Le dimensioni dello schermo e la risoluzione possono quindi essere utilizzate per calcolare la densità dei pixel: pixel per pollice (PPI).

Esiste anche un valore che esprime i punti per pollice (DPI), un termine residuo del mondo della stampa, dove un punto di colore è stato stampato sulla pagina. PPI e DPI sono spesso usati in modo intercambiabile anche se non è esattamente corretto, quindi se vedi DPI usato in riferimento a uno schermo, sappi che PPI è ciò che viene veramente discusso.

Il PPI ti dà una misura della nitidezza dell'immagine. Immagina se due schermi avessero la stessa risoluzione, 320×480. Come sarebbe la stessa immagine sul display dell'iPhone da 3,5 pollici rispetto a un monitor HVGA da 17 pollici? La stessa immagine apparirebbe molto più nitida su iPhone, perché ha 163 PPI rispetto al monitor CRT, che ha 34 PPI. Puoi inserire quasi cinque volte più informazioni nello stesso spazio fisico dell'iPhone originale.

Perché questo è importante? Perché né iOS né Android utilizzano le misurazioni fisiche effettive per visualizzare i contenuti sullo schermo di un dispositivo. iOS utilizza una misurazione astratta di punti e Android utilizza una misurazione astratta simile di pixel indipendenti dalla densità.

Quando è entrato in scena l'iPhone 4, aveva le stesse dimensioni fisiche dei suoi predecessori, ma aveva un nuovo schermo Retina con una risoluzione di 640×960, quadruplicando la risoluzione del dispositivo originale. Se l'iPhone avesse eseguito il rendering delle immagini delle app esistenti in scala 1:1, tutto sarebbe stato disegnato su un quarto di dimensione sul nuovo display Retina. Sarebbe stata una proposta folle per Apple apportare un tale cambiamento e adattare tutte le app esistenti. Invece, Apple ha introdotto il concetto logico di punto.

Un punto è un'unità di distanza che può essere ridimensionata indipendentemente dalla risoluzione di un dispositivo, quindi un'immagine 320×480 che occupa l'intero schermo su un iPhone originale potrebbe essere ridimensionata fino a 2x per adattarsi completamente al display Retina. I 163 PPI dell'iPhone originale sono la base per il punto iOS. Un punto iOS è 1/163 di pollice. Senza entrare in maggiori dettagli, Android utilizza una misura simile chiamata pixel indipendente dal dispositivo (DIP, spesso abbreviato DP). Un Android DP è 1/160 di pollice.

Quando si definiscono gli stili in React Native, si utilizza il concetto logico di un pixel, un punto su iOS e un DP su Android.

Conclusioni

React Native è un framework per lo sviluppo di app mobili multipiattaforma per iOS e Android. Se vuoi risparmiare in modo significativo tempo, denaro e personale, React Native è la soluzione aziendale ideale. Questa tecnologia avanzata fornisce metodi tradizionali e moderni per lo sviluppo di app mobili ibride.

Per diversi anni, il framework è stato utilizzato in app di fama mondiale come Skype, Instagram, Airbnb, Walmart, SoundCloud Pulse, UberEats, Tesla, Tencent QQ, Baidu Mobile e molti altri. Tutto questo perchè con React Native lo stesso codice viene utilizzato per la distribuzione sia su piattaforme iOS che Android. Il proprietario dell'azienda risparmia tempo e denaro abbreviando il ciclo di sviluppo e ridimensionando il team coinvolto in un progetto. Può essere possibile ridurre gli sforzi di sviluppo di quasi il 50% senza sacrificare né la qualità né la produttività.

React Native si concentra esclusivamente sulla creazione di un'interfaccia utente mobile e, al momento, non ha paragoni con altri framework.

Un'app mobile costruita con React Native è più fluida e viene caricata molto più velocemente di una classica ibrida, poiché JavaScript interagisce in modo asincrono con l'ambiente nativo, l'interfaccia utente risulta fluida ed è altamente reattiva.

Infine, ma non meno importante, con React Native il codice è riutilizzabile. È necessario un solo aggiornamento per due o più piattaforme, semplificando molto il rilevamento dei bug tra le code-base. L'interfaccia React Native è modulare e intuitiva quindi gli sviluppatori che non sono coinvolti in un progetto possono facilmente capirlo e prenderlo come riferimento. La flessibilità di un team aumenta e gli aggiornamenti delle app web sono più facili da realizzare. Tutto ciò ti consente di risparmiare tempo per trasformare il progetto web in un'app mobile.

Adesso che sai qualcosa in più su React Native e hai capito un po' come funziona, inizia la parte più bella. Immergiti nel codice del tuo progetto e inizia a sviluppare la tua soluzione, prova e riprova. Non ti accontentare di una soluzione ma cerca la migliore!

Don't miss out!

Visit the website below and you can sign up to receive emails whenever Oscar R. Frost publishes a new book. There's no charge and no obligation.

https://books2read.com/r/B-A-VXBZ-SEIJF

BOOKS 2 READ

Connecting independent readers to independent writers.

Also by Oscar R. Frost

Raspberry Pi: Scopri Tutti i Segreti per lo Sviluppo e Programmazione del Micro Computer per Maker e Hobbisti. Contiene Esempi di Codice ed Esercizi Pratici

Arduino: Scopri Tutti i Segreti per lo Sviluppo e la Programmazione del Microcontrollore per Maker e Hobbisti. Contiene Esempi di Codice ed Esercizi Pratici.

Angular: Guida Completa allo Sviluppo e Programmazione di Siti Internet Dinamici e Web App con AngularJS. Contiene Esempi di Codice ed Esercizi Pratici

C++: Guida Completa al Linguaggio e alla Programmazione ad Oggetti. Contiene Esempi di Codice ed Esercizi Pratici

CSS: Guida Completa allo Sviluppo di Fogli di Stile per Web Design e la Creazione di Siti Internet. Contiene Esempi di Codice ed Esercizi Pratici

PHP: Guida Completa allo Sviluppo e Programmazione di Siti Web Dinamici. Contiene Esempi di Codice ed Esercizi Pratici.

MySQL: Guida Completa ai Database SQL per Principianti. Contiene Esempi di Codice ed Esercizi Pratici.

JavaScript: Guida alla Programmazione Web e Web-App. Contiene Esempi di Codice ed Esercizi Pratici.

React Native: Guida Completa allo Sviluppo e Programmazione di Siti Internet e Web App con ReactJS. Contiene Esempi di Codice ed Esercizi Pratici.